L'IMMUNITÉ EN S'AMUSANT !

Dounia Stewart-McMeel

Illustré par Giovanna De Lima
Traduit par Emma Rodriguez

TBR Books
New York • Paris

À la vraie Fatima, tu as enfin ton propre livre !

-Dounia

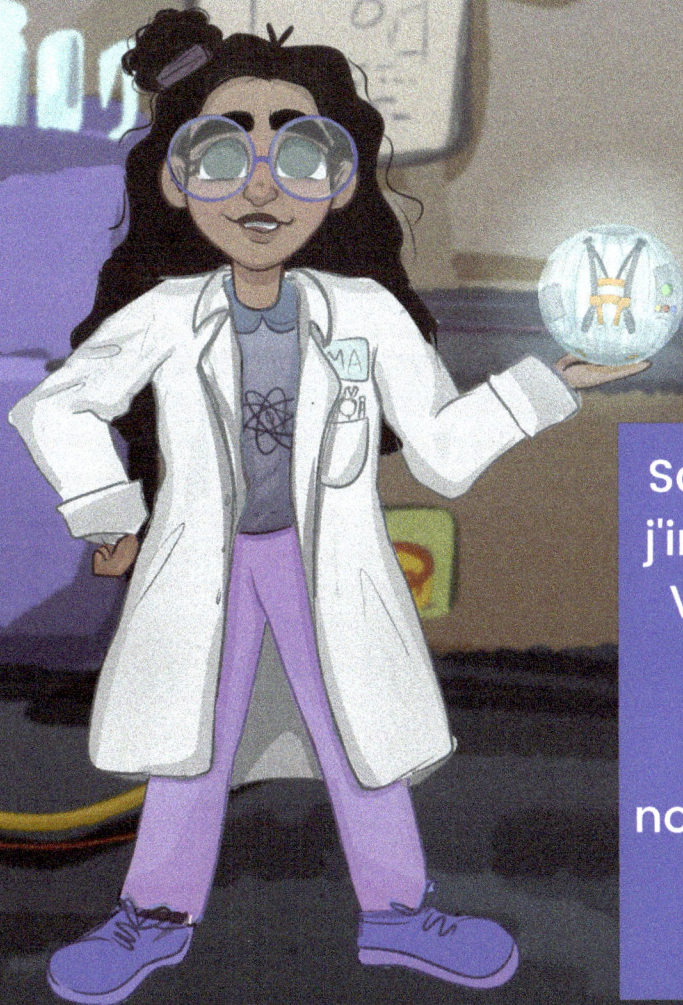

Salut ! Je m'appelle Fatima et j'invente de nombreux objets ! Voici Z82, ma boule zorb qui me permet de rétrécir.

Quatre-vingt-deux, c'est le nombre d'essais qu'il m'a fallus avant de pouvoir le faire fonctionner...

Mon but, c'est de monter à l'intérieur du Z82, de me faire rétrécir et... d'entrer dans le nez de quelqu'un !! Ça semble dégoûtant, je sais, mais je veux découvrir ce que fait notre corps pour nous protéger des mauvais microbes quand nous tombons malades.

Les microbes sont de tout petits êtres vivants. Ils sont si petits qu'on ne les voit même pas ! Les microbes peuvent être bons ou mauvais. Les mauvais microbes peuvent nous rendre malades.

Ma mission, c'est de comprendre le SYSTÈME IMMUNITAIRE : toutes les parties du corps et toutes les petites choses à l'intérieur qui nous aident à combattre les mauvais microbes qui nous rendent malades. Tu veux venir avec moi ?! Alors allons-y !

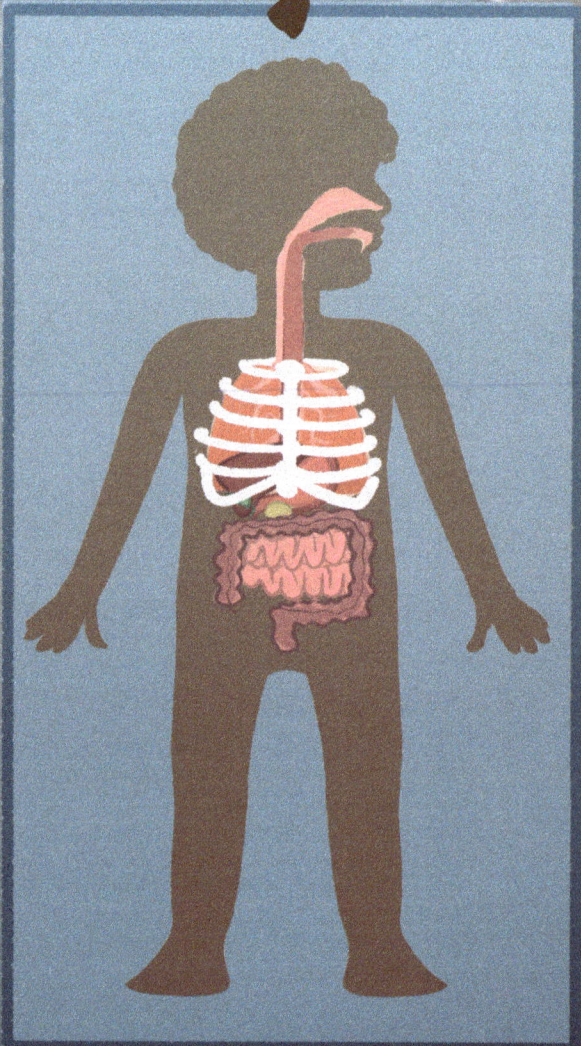

Tu vois tous ces boutons ? Appuie sur celui qui indique MICROBE, puis le plus grand sur lequel est écrit RÉTRÉCIR ! Attends !! Prends cette lampe torche : je l'ai déjà fait et crois-moi, il fait SOMBRE dedans... 3 – 2 – 1 ... ZZZZT !!!!!!!

RÉTRÉCIR

Maintenant, la partie amusante : on doit rentrer dans un nez !!! Tu vois ce mouchoir ? Je crois savoir à quoi il va servir... alors roulons dessus...

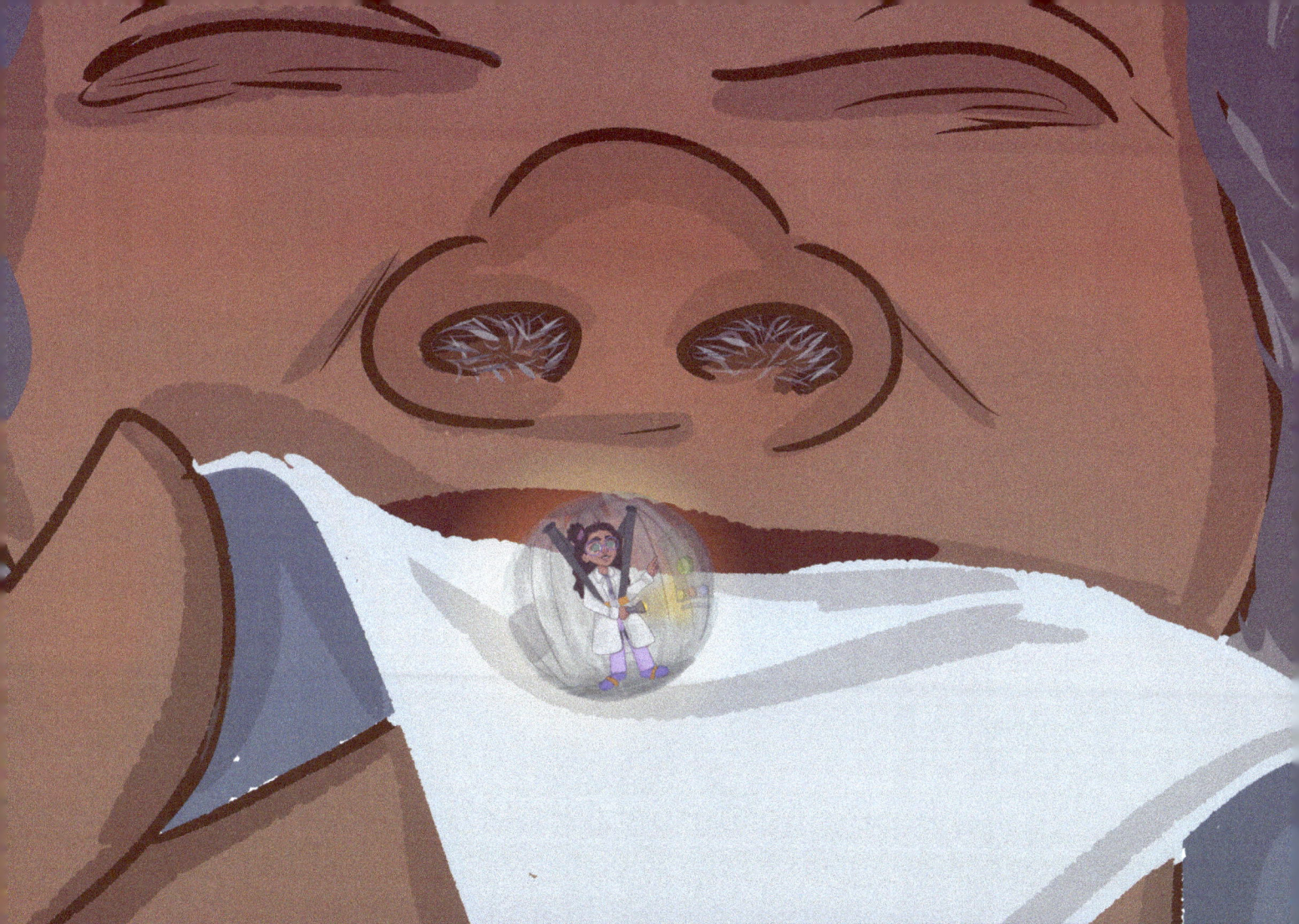

Ne t'inquiète pas, la boule zorb va nous protéger des crottes de nez. Mais il faut être TRÈS prudent : il y a beaucoup de pièges dans le corps pour empêcher les mauvais microbes de rentrer. Et nous devons tous les éviter ! On y va ? Allez on va lui tirer les vers du nez !! (C'est une blague hein...)

Oh non, on s'est fait piéger par les poils du nez ! Et maintenant, les crottes de nez nous attaquent de tous les côtés ! Elles essaient de capturer les mauvais microbes et de les rejeter comme quand on éternue ou qu'on se mouche. Vite, sortons d'ici !

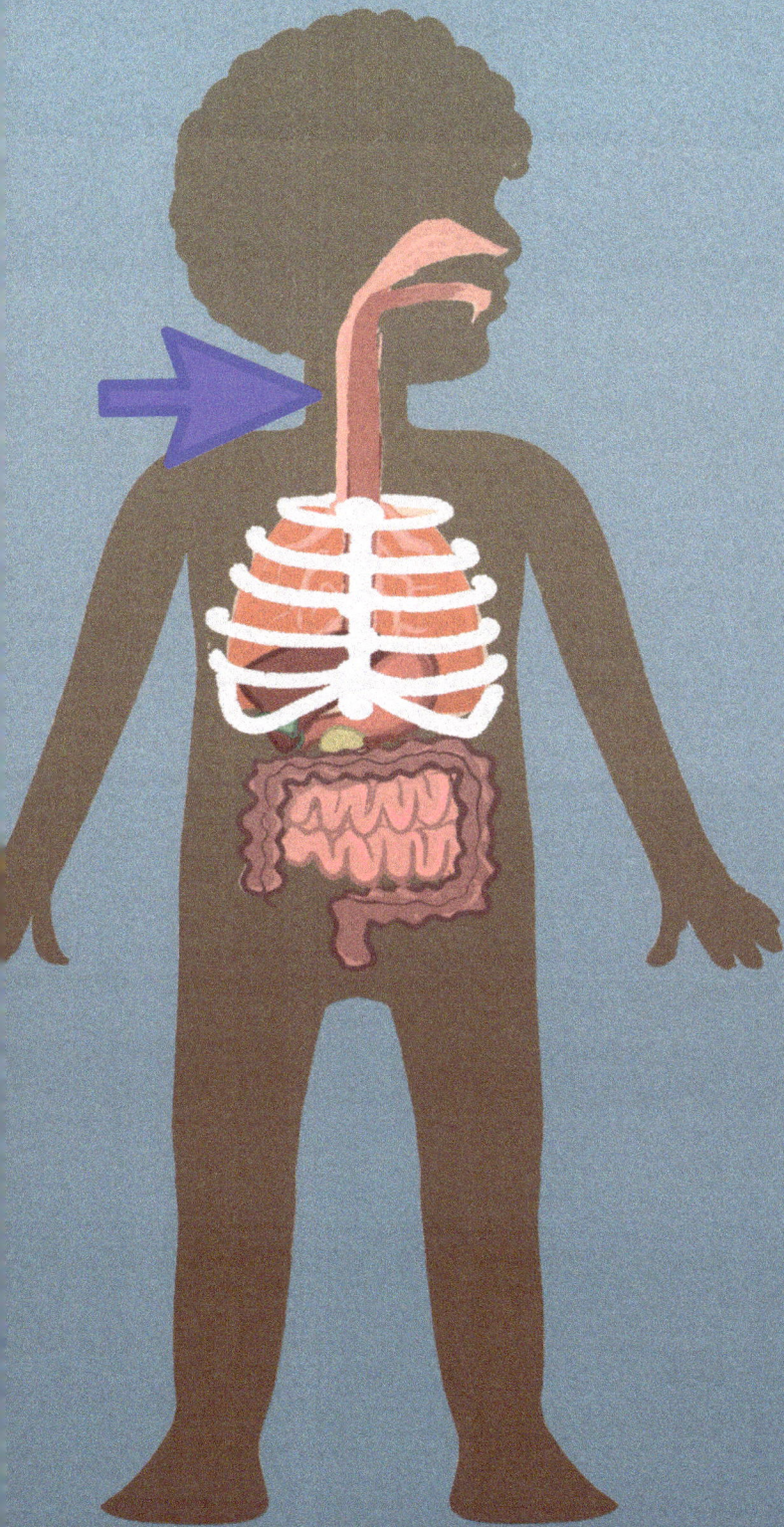

Ouf... On a réussi à passer les premiers pièges : les poils de nez et les crottes de nez !

Maintenant, on est dans la gorge.

Tu vois ces deux tunnels ? L'un d'eux, la trachée, va vers les poumons, et l'autre, l'œsophage, mène à l'estomac. Rassure-toi, moi aussi j'ai du mal à dire « œsophage »... Prenons la trachée et voyons ce qui se passe dans les poumons !

Oooh ! Dans la trachée, il y a de minuscules poils, appelés les cils, qui bloquent notre chemin. Ils nous forcent à retourner dans la gorge ! J'ai l'impression qu'on doit descendre l'œ-soph-nag... œsonph-ga... euh, le tunnel qui mène à l'estomac... Tiens-toi bien !!

L'estomac produit un liquide pour se débarrasser des microbes.
Oh non ! Le liquide arrive ! COURS !!!

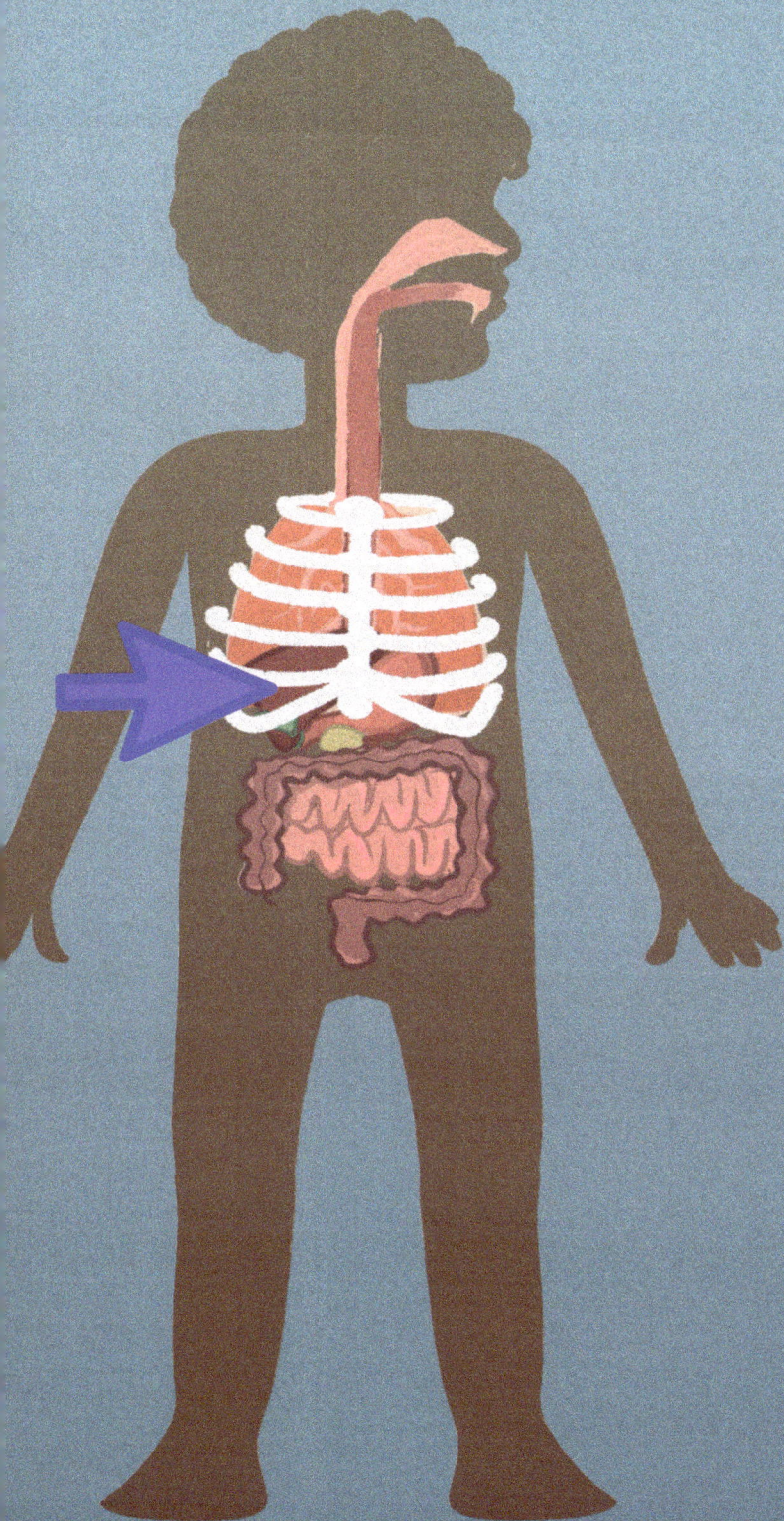

Il faut nous échapper à travers la paroi de l'estomac et trouver un os ! Je t'expliquerai pourquoi dans une minute !

On va passer à travers la paroi, mais on ne sera pas en sécurité très longtemps !!

On a passé les crottes et les poils de nez, les cils et l'acide gastrique de l'estomac : tous les pièges qui empêchent les mauvais microbes d'entrer trop profondément dans le corps.

Si les mauvais microbes réussissent quand même à entrer, le corps se défend grâce à une arme secrète : les « globules blancs ». Tu vois ce long truc blanc arrondi qui ressemble à une poutre ? C'est une côte ! Allons-y !!

On est dedans !! C'est ici que les globules blancs sont fabriqués, à l'intérieur de tes os. Lorsque les mauvais microbes réussissent à échapper à tous les pièges, les globules blancs font tout pour s'en débarrasser !! Ce sont les gentils !

17

Chaque globule blanc combat les microbes de différentes manières. Certains sont appelés phagocytes. Ils entourent les mauvais microbes, puis les dévorent !

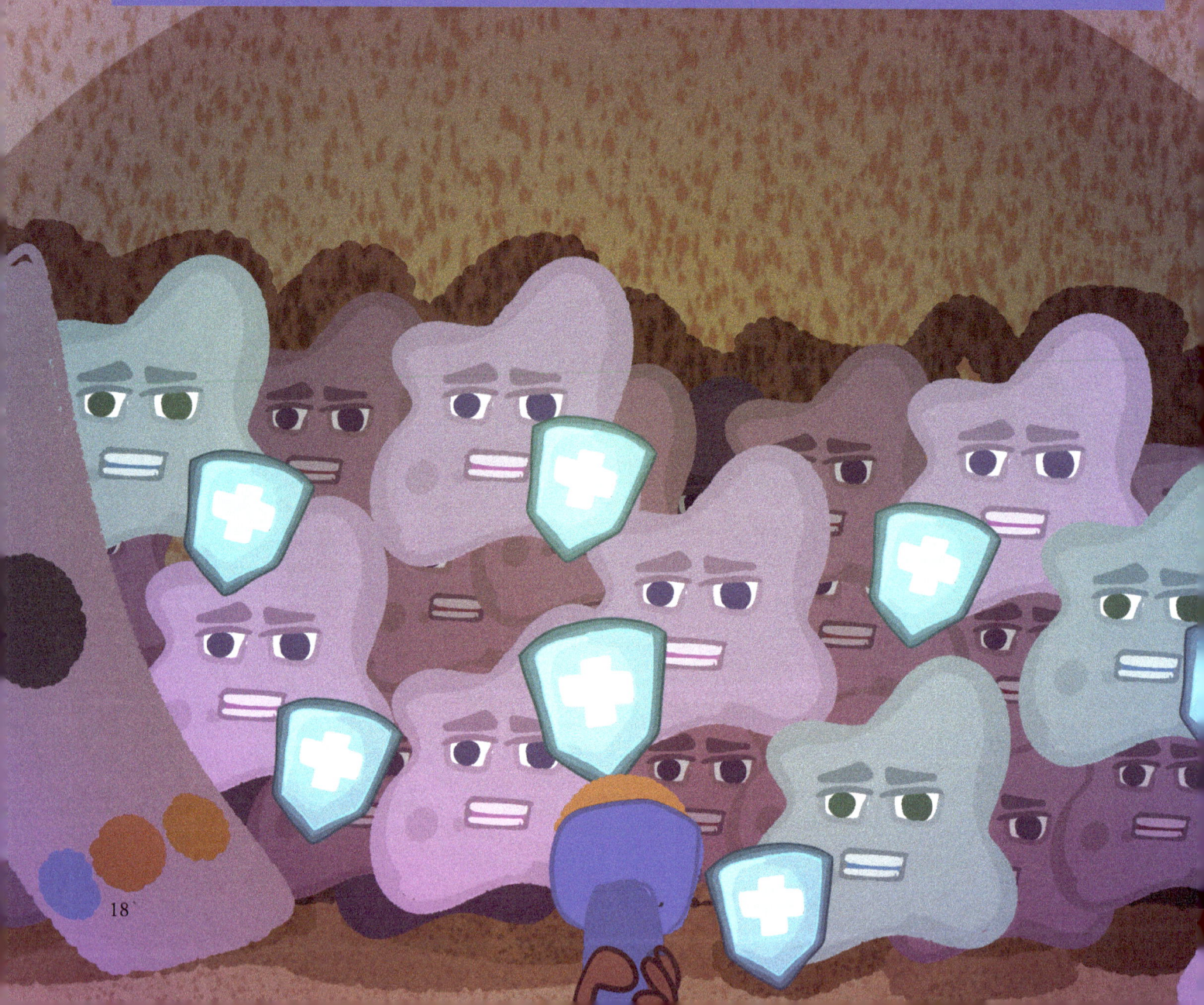

Ces phagocytes n'ont pas l'air très sympas. Ils doivent penser que nous sommes de MAUVAIS MICROBES, ce qui signifie... qu'ils vont essayer de nous manger ! Partons ! VIIIIIIITE !

Nous avons réussi à semer les phagocytes, mais nous ne sommes pas encore en sécurité ! Le corps fabrique des globules blancs encore plus effrayants à l'intérieur des os : les lymphocytes.

Les lymphocytes tuent les mauvais microbes en fabriquant ce que l'on appelle des « anticorps ». Les anticorps se fixent sur les mauvais microbes et permettent aux phagocytes de les manger plus facilement. Les globules blancs et toutes les autres défenses incroyables que le corps produit travaillent en équipe !

Et on dirait bien que cette équipe est là pour nous supprimer ! Ce qui signifie... qu'il est temps pour nous de rentrer !!

Waouh, quel voyage ! C'était parfois effrayant mais aussi très amusant ! Est-ce que tu as aimé notre mission ? Moi j'ai adoré !

Il reste encore beaucoup à apprendre sur le système immunitaire et j'espère que tu continueras tes recherches... Sans te transformer en microbe !

À bientôt !

LE SYSTÈME IMMUNITAIRE

Les parties du corps et les petites choses à l'intérieur de nous qui aident à combattre tous les mauvais microbes

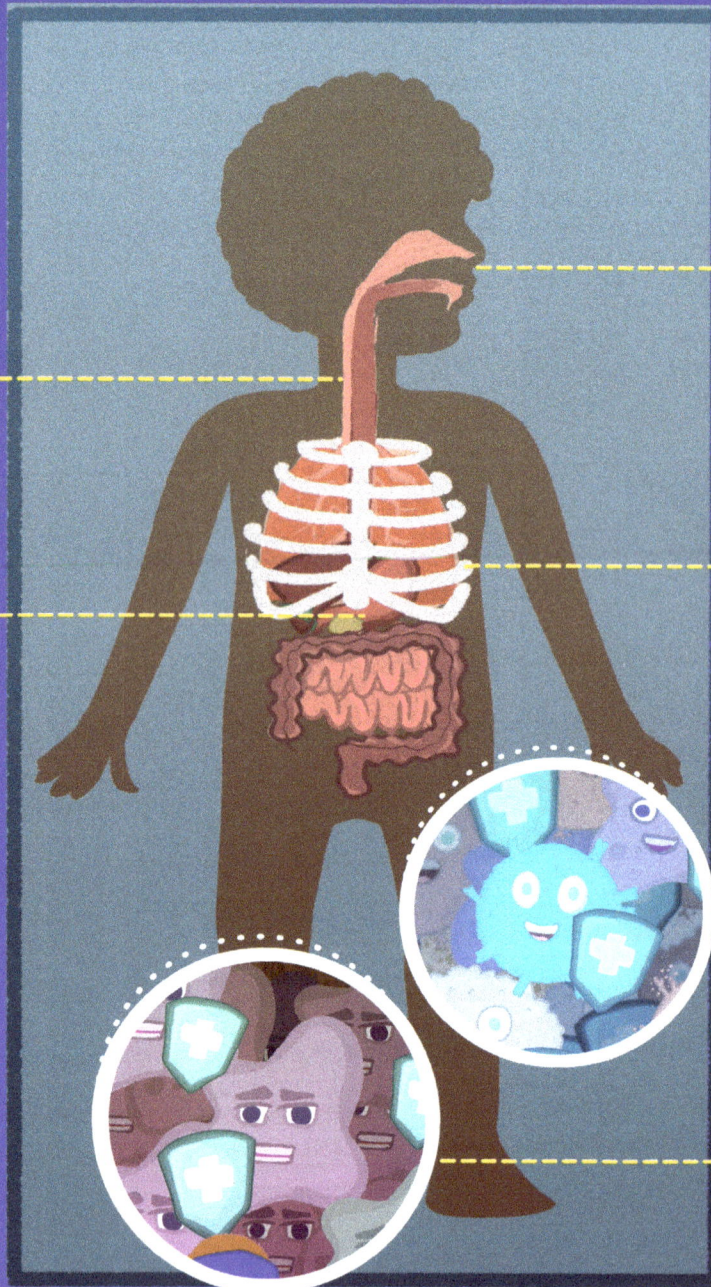

Poils et crottes de nez

Cils dans la trachée

Acide gastrique dans l'estomac

2 types de globules blancs fabriqués à l'intérieur de nos os :

Les lymphocytes

Les phagocytes

Dounia Stewart-McMeel

Dounia pense que les enfants passionnés par un sujet sont bien plus motivés pour apprendre. Comme tutrice ou bénévole pendant de nombreuses années dans des écoles, elle a montré aux enfants que des matières comme les mathématiques et les sciences pouvaient être amusantes. C'est maintenant sous forme de livre qu'elle partage sa passion. Sa série de livres, *La digestion en s'amusant !*, célèbre la découverte scientifique et le corps humain à travers les yeux de Fatima, une jeune inventrice et de Z82, sa boule zorb qui rétrécit. Dounia est neurodivergente et pense que cela a contribué à sa créativité.

Visitez le site de Dounia : learningexcitement.co.uk (site en anglais)

De la même autrice

ILLUSTRÉ PAR GIOVANNA DE LIMA

LA DIGESTION EN S'AMUSANT !

Dounia Stewart-McMeel

Retrouve Fatima et sa boule zorb Z82 dans LA DIGESTION EN S'AMUSANT ! Une histoire passionnante pour découvrir le corps humain et le système digestif. Fatima veut comprendre ce qui se passe dans notre corps quand nous digérons la nourriture que nous aimons manger. Pour y arriver, elle compte devenir toute petite et se faire avaler ! Livre également disponible en anglais, arabe, chinois, espagnol, etc.

De la même autrice

Retrouve Fatima et son Z82, la boule zorb qu'elle a inventée, dans LA RESPIRATION EN S'AMUSANT ! Une histoire fascinante pour découvrir le corps humain et le système respiratoire. Fatima souhaite comprendre comment fonctionne la respiration, et pour y arriver, elle compte se faire rétrécir et remonter dans le nez de quelqu'un ! Livre également disponible en anglais, arabe, chinois, espagnol, etc.

TBR Books est le programme éditorial du Centre pour l'avancement des langues, de l'éducation et des communautés (CALEC).

Nous publions des chercheurs et des professionnels qui cherchent à engager leurs communautés autour d'enjeux éducatifs, linguistiques, historiques et sociaux. Nous traduisons nos livres en plusieurs langues pour étendre davantage notre impact.

Retrouvez-nous sur www.calec.org

TBR BOOKS

Un programme de CALEC

www.ingramcontent.com/pod-product-compliance
Lightning Source LLC
LaVergne TN
LVHW070836080426
835508LV00031B/3485